A SENSUALIDADE

QUAESTIONES DISPUTATAE DE VERITATE

QUESTÃO 25

O livro é a porta que se abre para a realização do homem.

Jair Lot Vieira

Tomás de Aquino

A sensualidade

Quaestiones disputatae De Veritate

Questão 25

Tradução, edição e notas
Paulo Faitanin e Bernardo Veiga

edipro

A SENSUALIDADE
[QUAESTIONES DISPUTATAE DE VERITATE – QUESTÃO 25]

TOMÁS DE AQUINO

TRADUÇÃO, EDIÇÃO E NOTAS: PAULO FAITANIN E BERNARDO VEIGA

1ª Edição 2015

Logo do Instituto Aquinate: Wood engraving by Reynolds Stone, in Saint Thomas Aquinas, Selected writings, New York: The heritage Press, 1971, p. 1.

Instituto Aquinate

Editores: Jair Lot Vieira e Maíra Lot Vieira Micales
Coordenação editorial: Fernanda Godoy Tarcinalli
Editoração: Alexandre Rudyard Benevides
Coordenador do Projeto "Questões disputadas": Bernardo Veiga
Revisão: Beatriz Rodrigues de Lima
Arte: Karine Moreto Massoca

Dados Internacionais de Catalogação na Publicação (CIP)
(Câmara Brasileira do Livro, SP, Brasil)

Tomás de Aquino, Santo, 1225-1274.
A sensualidade : quaestiones disputatae de veritate : questão 25 / Santo Tomás de Aquino; tradução, edição e notas Paulo Faitanin e Bernardo Veiga. – São Paulo : EDIPRO, 2015.

Título original: De sensualitate: quaestiones disputatae de veritate : quaestio 25.
ISBN 978-85-7283-915-0

1. Emoção e sentimento – Obras anteriores a 1800 2. Filosofia – Obras anteriores a 1800 3. Teologia – Obras anteriores a 1800 I. Faitanin, Paulo. II. Veiga, Bernardo. III. Título.

15-00490 CDD-189.4

Índice para catálogo sistemático:
1. Tomás de Aquino : Filosofia medieval : 189.4

CÓPIA NÃO AUTORIZADA É CRIME
ABDR
ASSOCIAÇÃO BRASILEIRA DE DIREITOS REPROGRÁFICOS
RESPEITE O DIREITO AUTORAL
EDITORA AFILIADA

edipro
edições profissionais ltda.

São Paulo: Fone (11) 3107-4788 – Fax (11) 3107-0061
Bauru: Fone (14) 3234-4121 – Fax (14) 3234-4122
www.edipro.com.br

Sumário

Apresentação

TOMÁS DE AQUINO [1225-1274], filósofo e teólogo dominicano, escreveu diversas obras, e entre as mais importantes contamos as famosas *Questões Disputadas*, fruto de uma metodologia original e própria da atividade acadêmica da universidade medieval. Delas derivam as mais célebres contribuições do tomismo para a filosofia e teologia. Neste método medieval, Tomás inicia com uma pergunta [questão] e a desenvolve em artigos. Cada questão disputada pode conter diversos artigos. Cada artigo considera uma parte da questão mediante uma pergunta; é composto de argumentos pró e contra e de uma conclusão, na qual aparece a resposta do autor à pergunta elaborada na forma de artigo, que, por sua vez, compõe a questão. Em cada artigo Tomás procede da seguinte maneira: ante a pergunta proposta num artigo da questão, ele a afirma ou nega, expondo em contrário diversos argumentos. Em seguida, toma um ou mais argumentos fortes, que são contrários àqueles diversos raciocínios que se seguiram à pergunta inicial. Então, logo após esses argumentos, ele inicia uma resposta, em conformidade com o que pretende demonstrar, escrevendo no corpo do artigo uma conclusão, que é simultaneamente resposta à pergunta feita inicialmente, e termina esclarecendo as dificuldades ou contradições dos primeiros argumentos expostos.

O Instituto Aquinate, em parceria com a *Edipro*, continua a empreitada de publicar uma série de textos inéditos, editados em vernáculo, em edição simples, acessível, com breve introdução descritiva e notas à tradução, com o intuito de pouco ou quase nada interferir na obra, deixando o leitor com o mínimo necessário para ele mesmo ir diretamente ao texto de Tomás. A intenção é divulgar não só entre o público acadêmico, mas entre os diversos admiradores do tomismo, as principais ideias do autor contidas nas referidas *Questões Disputadas*. Neste espírito nasce o projeto *Questões Disputadas*. Este projeto é coordenado por Bernardo Veiga (Instituto Aquinate), doutorando em filosofia pela UFRJ (bolsista Capes). Este livro foi traduzido e editado pelo professor Dr. Paulo Faitanin (UFF) e por Bernardo Veiga.

Este projeto não seria possível sem a cooperação do Prof. Dr. Enrique Alarcón (Universidad de Navarra/Espanha), presidente da *Fundación Tomás de Aquino*, detentora dos direitos de cópia dos textos latinos e mantenedora do *Corpus Thomisticum* [www.corpusthomisticum.org]. O estimado professor Alarcón há muito colabora com a *Revista Aquinate* [www.aquinate.net], e a ele agradecemos por conceder-nos a permissão para pesquisar e utilizar como base para as traduções a edição latina dos textos contidos no *Corpus*. O texto vertido para o vernáculo também foi cotejado com outras versões, por sinal, todas muito úteis para considerar as soluções propostas para certas passagens de difícil compreensão e tradução. Para a configuração das notas de rodapé tivemos em conta, quando se fez necessário, o aparato bibliográfico das referidas edições latinas do texto e das versões que consultamos.

Apresentamos a tradução inédita para o português da questão 25 das *Quaestiones disputatae De Veritate*, *A sensualidade*, composta de 7 artigos. Esta obra é autêntica[1] e data dos três anos do primeiro período de ensino magistral de Tomás em Paris, 1256-1259.[2] Nesta obra, Tomás investiga a natureza da sensualidade, o que é, como se divide, qual a sua relação com o agir moral e com a salvação do homem.

Fontes e repertórios bibliográficos

Outras traduções

Foram consultadas as seguintes versões: Tomás de Aquino, *De veritate, Cuestión 25. Acerca de la sensualidade.* Introducción, traducción y notas de Juan Fernando Sellés. Pamplona: Cuadernos de Anuario Filosófico 108, 2001, p. 31-78; Santo Tomás de Aquino, *Opúsculos y cuestiones selectas.* Traducción y citas técnicas de Pedro Arenillas Sangrador. Edición Bilíngue. II. Madrid: BAC, 2003, p. 395-431; San Tommaso d'Aquino, *Le Questioni Disputate.* Testo latino di S. Tommaso e traduzione italiana. Volume Terzo. La Verità. (De Veritate). Questioni 21-29. Bologna: ESD, 1993; Saint Thomas D'Aquin, *De Veritate. Les vingt-neuf questions disputées sur la vérité* (1256-1259). Philosophie et Théologie. Traduction par le frère André Aniorté, O.S.B, moine de l'Abbaye sainte Madeleine du Barroux, 2005-2008. Version Bilingue Latin/Français. Deuxième *édition* numérique août 2012 [http://docteurangelique.free.fr]; Thomas Aquinas, *Truth. Questiones Disputatae De Veritate.* Questions 21-29 Translated by Robert W. Schmidt, S.J. Chicago: Henry Ragnery Company, 1954. Edição em HTML por Joseph Kenny OP [http://dhspriory.org/thomas/QDdeVer.htm]. Com rela-

---

1. Mandonnet, P. O.P. *Des écrits authentiques de S. Thomas d'Aquin.* Seconde édition revue et corrigée. Fribourg (Suisse): Imprimerie de l'oeuvre de Saint-Paul, 1910, p. 30; p. 106; Grabmann, M. *Die Werke des hl. Thomas von Aquin.* Münster Westf.: Aschendorffsche Verlagsbuchhandlung, 1949, p. 307.

2. Torrell, J.-P. O.P. *Iniciação a Santo Tomás de Aquino. Sua pessoa e obra.* Tradução Luiz Paulo Rouanet. São Paulo: Edições Loyola, 1999, p. 71-2; 389-90.

ção às referências bíblicas da vulgata latina encontradas no corpo do texto, valemo-nos da *Bíblia de Jerusalém* [Paulus: 2002] para indicá-las, trazendo à luz possíveis esclarecimentos, quando assim for exigido.

Notas

Buscou-se, também, sempre que possível, confrontar os textos dos Padres da Igreja citados por Tomás e encontrados nas Patrologias grega e latina. Para este fim, de um modo geral, tivemos em conta os textos da Patrologia Latina (PL) e da Patrologia Grega (PG) ambas as edições de Migne, disponíveis no site <http://www.documentacatholicaomnia.eu/25_Migne.html>. Para buscar as referências mais detalhadas das obras de Santo Agostinho, consultamos a excelente ferramenta de busca encontrada no site <http://www.augustinus.it/latino/index.htm/>. Para as referências de outras obras de Tomás de Aquino, que incluímos em nossa tradução, para uma melhor fundamentação das ideias expostas no corpo do artigo, usamos as seguintes edições impressas das obras de Tomás de Aquino: Tomás de Aquino, *Suma Teológica*. Coordenação geral da tradução de Carlos-Josaphat Pinto de Oliveira, OP. Vol. I-IX. São Paulo: Edições Loyola, 2001-2006; Sancti Thomae De Aquino, *Opera omnia iussu Leonis XIII P.M. edita, t. 22* 3/1. *Quaestiones Disputatae de veritate*. Roma: Ad Sanctae Sabinae/Editori di San Tommaso, 1972; Sancti Thomae Aquinatis, *In decem libros Ethicorum Aristotelis ad Nicomachum expositio*. Editio tertia. Cura et studio P. Fr. Raymundi M. Spiazzi, O. P. Taurini: Marietti, 1964; Sancti Thomae Aquinatis, *Opera Omnia*. Tomus 6: *Commentum in quatuor libros Sententiarum*. Parmae: Typis Petri Fiaccadori, 1856; Sancti Thomae Aquinatis, *In octo libros Physicorum Aristotelis expositio*. Cura et studio P. M. Maggiòlo, O.P. Taurini: Marietti, 1965; Sancti Thomae Aquinatis, *In Metaphysicam Aristotelis commentaria*. Cura et studio P. Fr. M.-R.

Cathala. Taurini: Marietti, 1915; Sancti Thomae Aquinatis, *In Aristotelis librum De anima commentarium*. Editio tertia. Cura et studio P. F. A. M. Pirotta. Taurini: Marietti, 1948; Sancti Thomae Aquinatis, *In librum Beati Dionysii De divinis nominibus expositio*. Cura et studio C. Pera, P. Caramello, C. Mazzantini. Taurini-Romae: Marietti, 1950.

Rodolfo Petrônio
Presidente do Instituto Aquinate

Introdução

Nossa intenção é brevemente expor e analisar a contribuição de Tomás de Aquino [1225-1274] sobre *a sensualidade*, questão tratada em sua obra *De veritate,*[1] questão 25, estruturada em 7 artigos, como introdução à edição monolíngue que é aqui publicada. Com este breve estudo pretendemos auxiliar o leitor, mostrando algumas noções básicas da visão de Tomás sobre a natureza da sensualidade, explicar o método das *Questões Disputadas* e expor resumidamente cada artigo da questão.

1. A sensualidade

Nesta questão, o Aquinate investiga a sensualidade. De fato, a tradução do termo *sensualitas* para o português implica certa dubiedade. A "sensualidade", usualmente em português, é toma-

1. Sobre a data da sua composição e acerca do seu conteúdo doutrinal, assim se expressou Torrell: "As questões disputadas *De veritate* datam dos três anos do primeiro período de ensino magistral de Tomás em Paris, de 1256 a 1259... Podemos aí perceber dois grandes blocos: a verdade e o conhecimento (qq. 1-20), o bem e o apetite pelo bem (qq. 21-29)", p. 389-90. Cfr. TORRELL, J.-P. OP. *Iniciação a Santo Tomás de Aquino. Sua pessoa e sua obra.* Tradução Luiz Paulo Rouanet. São Paulo: Edições Loyola, 1999.

da no campo semântico de volúpia, certa excitação ou mesmo inclinação aos prazeres materiais.[2] Porém, em Tomás, o termo se aproxima mais da noção de "sensibilidade", apesar de existir um termo latino melhor correspondente a esse termo: *sensibilitas*. Contudo, o uso do termo sensualidade, além de ser mais literal com o seu original correspondente, denota que o aspecto sensível humano não está necessariamente em harmonia com a razão, em função de certa corrupção dos apetites sensitivos humanos, fruto do pecado original.[3]

Deve-se considerar que para Tomás a sensualidade é uma potência apetitiva sensitiva,[4] isto é, ela se diverge da vontade, enquanto esta é uma potência apetitiva intelectiva. A primeira potência se inclina aos objetos sensíveis, o que leva consigo certa paixão corporal, enquanto a segunda se inclina ao bem apresentado pela razão.[5]

A sensualidade pode ser divida em duas potências, o irascível e o concupiscível. Ambos se inclinam a objetos sensíveis, mas de modos diferentes. O primeiro se inclina aos objetos árduos, que precisam de maior estímulo e impulso para serem buscados; o segundo se inclina a objetos diretos que podem ser atingidos com maior facilidade.[6]

Por não ser movida diretamente por um bem intelectivo, a gravidade das suas ações é menor do que a da vontade.[7] Em certo sentido, quando há um consentimento da vontade sobre uma moção relativa a um objeto da sensualidade, não é propriamente a sensualidade que produz a gravidade, mas apenas origina a inclinação a tal bem. De maneira que na vontade se encontra, ao con-

2. Ferreira, Aurélio Buarque de Holanda. *Dicionário Eletrônico Aurélio Século XXI*. Rio de Janeiro: Editora Nova Fronteira e Lexikon Informática, 2010. 5. ed. Versão 7.0. 1 CD-ROM.

3. Tomás de Aquino, *De veritate*, q. 25, a. 6, rep.

4. Tomás de Aquino, *De veritate*, q. 25, a. 1, rep.

5. Tomás de Aquino, *De veritate*, q. 25, a. 3, rep.

6. Tomás de Aquino, *De veritate*, q. 25, a .2, rep.

7. Tomás de Aquino, *De veritate*, q. 25, a. 5, rep.

sentir com um ato desordenado, uma gravidade maior, enquanto na estrita sensualidade, sem pleno consentimento, há menor gravidade para uma ação moral ruim, pela imperfeição do voluntário.

Convém, assim, que ela seja conduzida pela razão, de modo que toda percepção sensível seja ordenada e possa aos poucos já se conformar com ela. Dessa forma as paixões que se seguem no apetite inferior, ao seguirem com facilidade a vontade, contribuem para a bondade da ação.[8] Aquele que ainda atua fazendo objetivamente uma ação boa, mas lutando consigo mesmo, como o continente, não tem o seu apetite inferior ordenado, porque está apenas intelectualmente convencido do valor da sua ação e não pelo apetite, que não foi habituado o suficiente para agir conforme a virtude.

2. Breve explicação do método das Questões Disputadas

O que são as Questões Disputadas? Durante a Escolástica, sobremaneira nas universidades do século XIII, os professores, para o desempenho de suas atividades acadêmicas, compunham, mediante exaustivas pesquisas, suas obras para serem lidas e analisadas em suas aulas, no exercício da docência.

Para compô-las os professores utilizavam diferentes métodos: comentar, expor, reunir sentenças, fazer sumas etc., cada qual com uma finalidade própria, mas todas para atender as duas formas mais usuais de ensino: a *lectio*, que consistia na leitura e comentário de um texto, e a *disputatio*, que consistia na disputa de uma *quaestio*.[9]

Uma *quaestio* pode estar relacionada a muitas outras questões, derivadas dela. Esse é o caso da questão sobre a Verdade, que leva consigo muitas outras questões relativas ao tema. Por essa razão, o tema sobre a verdade – *De veritate* – reúne sobre si

8. Tomás de Aquino, *De veritate*, q. 26, a. 7, rep.

9. Abbagnano, N. *História da Filosofia*. Lisboa: Editorial Presença, v. 3 (1999), p. 9.

muitas questões – *Quaestiones* – que ao longo da exposição do tema serão examinadas ou disputadas – *Disputatae* – com muitos argumentos que se possam aduzir *pro* (pró) e *contra*, seguida de uma proposta de solução. Essa é a explicação para o nome desta obra: *Quaestiones Disputatae De veritate*, em cuja questão 25, estruturada em 7 artigos, em que cada artigo reúne argumentos *pro* e *contra*, disputa a questão sobre a sensualidade.

Cada título de artigo da questão em jogo era proposto em forma de pergunta, por exemplo: *A sensualidade obedece* à *razão?* Seguia-se à pergunta uma proposta de resposta contrária ao que se queria demonstrar, ou seja, uma resposta do tipo: *Parece que não*.

Propunham isso para dar lugar primeiro aos argumentos contrários à pergunta, e tais argumentos contrários eram denominados de objeções. Antes de proporem uma solução à pergunta feita, eram sugeridos alguns poucos argumentos contrários às objeções e a favor de uma resposta afirmativa à pergunta que intitula o artigo. Logo depois, propunha-se uma resposta, às vezes breve, outras vezes longa, que afirmava a pergunta. E, por fim, respondia-se a cada uma das objeções.

Os argumentos *pro* e *contra* que constituíam um artigo eram estruturados silogisticamente, a partir de um raciocínio aparentemente verdadeiro que era retirado da obra de alguma autoridade, fosse filosófica, teológica ou mesmo a Bíblia. Em geral, eram silogismos compostos por três premissas: a maior, a menor e a conclusão. Em cada argumento, no geral, era citada a fonte, exceto se fosse de conhecimento comum. Mas, ainda assim, era comum citar a fonte mesmo se ela fosse bem conhecida.

3. Exposição resumida dos artigos da questão sobre a sensualidade

A sensualidade é uma potência cognitiva ou só apetitiva? Neste primeiro artigo, os argumentos *contra* defendem que é uma potência cognitiva. A maioria enfatiza certo aspecto de apreensão do bem, como, por exemplo, nos artigos um e dois que defendem a noção comum de potência sensitiva cognitiva com os animais.

Na resposta ao argumento, Tomás esclarece a noção de sensualidade (*sensualitas*), dizendo que é uma potência apetitiva da parte sensitiva e que possui sua origem na apreensão, pois é uma potência passiva movida pela coisa apetecível. Afirma também que seu objeto próprio é a coisa boa ou conveniente para o que sente, o que ocorre de dois modos. De um modo, porque convém ao próprio ser que sente, como a alimentação; de outro modo, porque é conveniente para os sentidos, como a apreensão de algo sensitivo harmonioso, como uma boa música. Assim, a sensualidade é o apetite das coisas que pertencem ao corpo,[10] enquanto busca as coisas que são convenientes para o sujeito, ou propriamente, ou aos seus sentidos.

A sensualidade é uma potência simples ou se divide em muitas potências? Neste segundo artigo, os argumentos *contra* defendem que é uma potência simples, não dividida em outras potências. Eles tentam, na maioria, diminuir as diferenças entre o concupiscível e o irascível.

Os argumentos *pro* fazem a distinção entre o irascível e o concupiscível, tomada propriamente por autoridades. Na solução, Tomás diz que a sensualidade contém duas potências, o concupiscível e o irascível, que são distintas. A primeira é a inclinação ao objeto sensível direto, enquanto a segunda, o irascível, é uma inclinação ao objeto árduo, como certa luta e vitória sobre as coisas que lhe são contrárias. Assim como há duas formas de se inclinar ao objeto sensível, há também duas potências na sensualidade.

O irascível e o concupiscível estão só no apetite superior ou também no inferior? Neste terceiro artigo, os argumentos *contra*

10. Tomás de Aquino, *De veritate*, q. 25, a. 1, rep.

argumentam que o irascível e o concupiscível estão no apetite superior, enquanto possuem certo vínculo com a vontade.

Na resposta ao argumento, Tomás diz que os apetites inferiores tendem para os seus objetos com certa paixão corporal, pelos quais são diversificados pelo modo dessa inclinação aos objetos sensíveis. Porém o apetite superior, a vontade, inclina-se sem qualquer paixão e, basicamente, nisso diferem. Por isso o irascível e o concupiscível estão propriamente no apetite inferior, enquanto estão vinculados à sensibilidade corporal, como diz o argumento *pro*, referindo-se apenas às autoridades de João Damasceno, Gregório de Nissa e de Aristóteles.

A sensualidade obedece à razão? Neste quarto artigo, os argumentos *contra* sustentam que a sensualidade não obedece à razão. Nos primeiros dois argumentos, utilizam-se duas passagens da carta de Paulo aos Romanos, para ratificar essa posição; o quinto argumento defende o seu vínculo com o corpo, enquanto possui uma disposição corporal necessária, sem possibilidade de intervenção da razão.

Na resposta, Tomás diz que as potências apetitivas inferiores se subordinam à razão de três modos. De um modo, da parte da razão, quando esta se opõe à sensualidade por imaginação de alguma coisa sob razão de prazer ou dor. Segundo, da parte da vontade, quando a vontade veementemente se dirige para algo, o que induz o movimento das outras potências com ela. E de um terceiro modo, da parte da potência motora que executa, para que reprima ou ative o irascível e o concupiscível.

Pode haver pecado na sensualidade? Neste quinto artigo, os argumentos *contra* sustentam que não pode haver pecado na sensualidade, diminuindo ou anulando, em geral, a sua relação com a razão ou com o ato voluntário.

Tomás responde, dizendo, que um pecado grave só pode ocorrer se o ato for perfeitamente voluntário, que esteja no nosso poder executá-lo ou não. Neste sentido, a sensualidade é um pecado menos grave, enquanto não está perfeitamente no juízo da razão, e não há pleno consentimento. Quando houver, será um pecado grave.

O concupiscível está mais corrompido e infectado do que o irascível? Neste sexto artigo, os argumentos *contra* apontam que não, que o concupiscível não está mais corrompido do que o irascível. No argumento dois, por exemplo, Tomás diz que o irascível está mais corrompido porque os pecados relativos a ele são mais graves, de maior culpa, por serem mais contrários à razão.

Na solução, o Aquinate diz que a corrupção do pecado afeta causalmente as potências que atingem a geração humana, pela qual o pecado original é transmitido. Tais potências estão especialmente ligadas ao tato e à potência geradora, o que está mais próximo do concupiscível. Assim, como o irascível se aproxima mais da razão e menos da disposição corporal do que o concupiscível, ele foi afetado menos pelo pecado original.

A sensualidade pode ser curada da referida corrupção nesta vida? Neste sétimo artigo, os argumentos *contra* defendem que sim. Cita, no primeiro argumento, o exemplo da Virgem Maria, e expõe em geral a possibilidade do constante comando da razão.

Na solução, Tomás diz que a sensualidade não pode ser curada nesta vida a não ser que Deus atue miraculosamente. Isso se dá porque já está na própria ordem da natureza a instabilidade da sensualidade, decorrida da sua corrupção. Porém, na resposta ao argumento cinco, o Aquinate esclarece que isso é permitido por Deus para evitar um mal maior, como a soberba.

4. Conclusão

Portanto, para Tomás há uma íntima unidade entre o corpo e a alma de modo que as potências apetitivas sensitivas e intelectivas coexistam no composto. A sensualidade, que compartilhamos em certo sentido com os animais, não deve ser a última resposta à inclinação humana, mas sempre deve ser conduzida pela razão.

O Aquinate também evita dois extremos quanto à sensualidade. Por um lado não é um pessimista, não diz que é impossível vencer a sensualidade, que a razão não teria controle sobre ela. Por outro não é um otimista ingênuo que desconhece os conflitos humanos, pois reconhece que há certa corrupção na natureza que dificulta agir conforme a razão em matéria moral.

Assim, ele defende uma ética de educação que atinja os próprios apetites inferiores. Não lhe basta fazer o bem, mas fazer o bem em harmonia com tais apetites. Só assim, quando há unidade entre os apetites inferiores, superiores e o intelecto, é possível dizer verdadeiramente que ali há a virtude moral.

Paulo Faintain e
Bernardo Veiga

Questão 25*

A sensualidade

*. Tradução baseada no texto Taurino, *Quaestiones disputatae De Veritate, q. 25,* editado em 1953 e transferido automaticamente por Roberto Busa SJ em fitas magnéticas e novamente revisto e ordenado por Enrique Alarcón. Disponível em: <www.corpusthomisticum.org>.

Proêmio

Primeiro, pergunta-se se a sensualidade é uma potência cognitiva ou só apetitiva.

Segundo, pergunta-se se a sensualidade é uma potência simples ou se se divide em muitas potências, ou seja, a irascível e a concupiscível.

Terceiro, pergunta-se se o irascível e o concupiscível estão só no apetite superior ou também no inferior.

Quarto, pergunta-se se a sensualidade obedece à razão.

Quinto, pergunta-se se pode haver pecado na sensualidade.

Sexto, pergunta-se se o concupiscível está mais corrompido e infectado do que o irascível.

Sétimo, pergunta-se se a sensualidade pode ser curada da referida corrupção nesta vida.

Artigo 1

Primeiro, pergunta-se se a sensualidade é uma potência cognitiva ou só apetitiva[1]

E parece que é uma potência cognitiva.

1. Outros lugares: *In II Sent*. d. 24, q. 2, a. 1; *Sum. Theo*. I, q. 81, a. 1.

Argumentos[2]

1. Como diz o Mestre[3] no livro II das *Sentenças*, distinção 24:[4] *em nossa alma encontra-se algo de comum com os animais, que pertence à sensualidade*. Ora, as potências sensitivas cognitivas são comuns a nós e aos animais. Logo, pertencem à sensualidade.

2. Além do mais, diz Agostinho no livro XII do *Sobre a Trindade*[5] que: *o movimento sensual da alma, que tende para os sentidos do corpo, é comum a nós e aos animais e é excluído da sabedoria*. E expondo isso ele explica: *o sentido do corpo percebe*

2. Na edição Taurini, reproduzida por Enrique Alarcón, não há esta divisão que ora propomos: *Argumenta*. O intuito é orientar o leitor quanto à dinâmica da argumentação da exposição do Aquinate. De igual modo, não há notas de rodapé na referida edição latina.

3. Tomás chama o teólogo Pedro Lombardo [1100-1160] de Mestre.

4. Pedro Lombardo, *Libri Sent.* II, d. 24, c. 4.

5. Agostinho, *De Trinitate*. XII, c. 12: PL 42, 1007.

as coisas corpóreas, mas as espirituais eternas e imutáveis são compreendidas pela razão superior. Ora, sentir as coisas corpóreas pertence à potência cognitiva. Logo, a sensualidade, cujo ato é o movimento sensual, é uma potência cognitiva.

3. Mas se poderia dizer que Agostinho acrescentou isso para manifestar os objetos dos sentidos, porque, de fato, o movimento da sensualidade se dirige aos sentidos do corpo, na medida em que versa sobre os sensíveis. – Mas, ao contrário, Agostinho acrescentou isso para demonstrar como a sensualidade se afasta da razão. Ora, acerca das coisas corpóreas, que Agostinho diz que são os objetos dos sentidos, a razão também as considera, tanto a razão inferior dispondo, quanto a razão superior julgando. E, assim, por esse motivo não se exclui a sensualidade da razão. Logo, Agostinho não pretendia isso que se diz.

4. Além do mais, no progresso do pecado, que ocorre em nós, como Agostinho ali[6] mesmo diz, a sensualidade ocupa o lugar da serpente. Ora, a serpente, na tentação dos primeiros pais, atuou como quem anuncia e propõe o pecado, que é da potência cognitiva e não da apetitiva, porque a cognitiva induz ao pecado. Logo, a sensualidade é uma potência cognitiva.

5. Além do mais, Agostinho diz no mesmo livro[7] que: *a sensualidade se aproxima da natureza da ciência*. Ora, não se aproximaria dela se só fosse apetitiva, pois é cognitiva a natureza da ciência. Assim, pois, pertenceria a outro gênero das potências da alma. Logo, a sensualidade é potência cognitiva, e não apenas apetitiva.

---

6. Agostinho, *De Trinitate*. XII, c. 12: PL 42, 1007.
7. Agostinho, *De Trinitate*. XII, c. 12: PL 42, 1007.

6. Além do mais, a sensualidade, segundo Agostinho no livro XII do *Sobre a Trindade*,[8] distingue-se da razão superior e da inferior, nas quais também se encontra o apetite superior, que é a vontade, caso contrário, não poderia haver o pecado mortal nelas. Ora, o apetite inferior não se distingue do apetite superior, como uma outra potência, como se prova no corpo do artigo. Logo, a sensualidade não pertence ao apetite inferior. É, porém, alguma potência inferior da alma, como aparece em sua definição.[9] Logo, pertence à potência cognitiva inferior. Prova da premissa média: a diferença acidental dos objetos não indica diferença das potências, segundo a espécie, pois, de fato, a visão não se distingue pelo fato de um homem ver e um asno ver, pois o homem e o asno são acidentalmente capazes de ver, enquanto são capazes de ver. Ora, o apetecível apreendido pelos sentidos e apreendido pelo intelecto, pelos quais parecem distinguir o apetite superior e o inferior, são acidentais ao apetecível, enquanto é apetecível, pois o apetecível é o bem, que acidentalmente é apreendido pelos sentidos e pelo intelecto. Logo, o apetite inferior não é uma outra potência distinta da potência do apetite superior.

7. Mas se pode dizer que os referidos apetites se distinguem pelo bem absoluto e pelo bem relativo. – Mas, ao contrário, assim como se relaciona o intelecto com a verdade, assim também se relaciona o apetite ao bem. Ora, o verdadeiro absoluto, que é necessário, e o verdadeiro relativo, que é contingente, não distinguem o intelecto em duas potências. Logo, nem o bem absoluto e nem o relativo pode distinguir o apetite em duas potências.

---

8. Agostinho, *De Trinitate*. XII, c. 12: PL 42, 1007.
9. Pedro Lombardo, *Libri Sent*. II, d. 24, c. 4.

8. Além do mais, o bem relativo é o bem aparente, como parece, mas o bem absoluto é um bem verdadeiro. Ora, o apetite superior, às vezes, une-se ao bem aparente e, por sua vez, o apetite inferior, às vezes, apetece um bem verdadeiro, por exemplo, as coisas necessárias para o corpo. Logo, o bem relativo e o bem absoluto não distinguem o apetite superior e o inferior. E, assim, o mesmo que antes.

9. Além do mais, a potência sensitiva se distingue contra a potência apetitiva, como fica claro pelo Filósofo no livro I do *Sobre a alma*,[10] onde distingue cinco gêneros de ações da alma, ou seja, nutrir, sentir, apetecer, mover-se segundo o lugar, e inteligir. Ora, a sensualidade não é uma potência apetitiva, mas cognitiva.

10. Além do mais, qualquer coisa que convém à definição, também convém ao definido.[11] Ora, a definição de sensualidade, que o Mestre estabelece na distinção 24 do livro II das *Sentenças*,[12] convém à razão inferior que, às vezes, dirige-se aos sentidos do corpo e ao que se refere a ele. Logo, são o mesmo a razão inferior e a sensualidade. Ora, a razão é potência cognitiva. Logo, também a sensualidade.

Ao contrário

1. Na definição de sensualidade se diz que ela é *o apetite das coisas que pertencem ao corpo.*[13]

---

10. Aristóteles, *De anima*. I, c. 14, 411a26. [*Da alma*, obra publicada em *Clássicos Edipro*. (N.E.)]

11. Pedro Hispano, *Summulae logicales*. tr. 5, n. 10.

12. Pedro Lombardo, *Libri Sent.* II, d. 24, c. 4.

13. Pedro Lombardo, *Libri Sent.* II, d. 24, c. 4.

2. Além do mais, há pecado no apetecer, não só no conhecer. Ora, há algum pecado levíssimo na sensualidade, como diz Agostinho no livro XII *Sobre a Trindade.*[14] Logo, a sensualidade é uma potência apetitiva.

Respondo

Respondo, dizendo que a sensualidade não parece ser outra coisa do que uma potência apetitiva da parte sensitiva, e se chama sensualidade, como algo que se deriva do sentido. E o movimento da parte apetitiva, de algum modo, origina-se da apreensão, porque toda operação passiva toma sua origem de uma ativa. Ora, o apetite é uma potência passiva, porque é movida pelo apetecível, que é um motor não movido, como se diz no livro III do *Sobre a alma.*[15]

De fato, o apetecível não move o apetite, exceto se apreendido. Portanto, enquanto a potência apetitiva inferior se move pelo apetecível apreendido pelos sentidos, seu movimento se chama sensual, e a própria potência é denominada sensualidade. Ora, este apetite sensível é intermediário entre o apetite natural e o apetite superior racional, chamado vontade. O que se pode verificar pelo fato de que em qualquer apetecível podem-se considerar duas coisas: a própria coisa que é apetecida e a razão de apetecer, como o prazer ou utilidade, ou coisa semelhante.

Portanto, o apetite natural tende para a própria realidade apetecível sem alguma apreensão da razão da sua apetibilidade. De fato, o apetite natural não é senão certa inclinação à realidade e a ordenação a algo que lhe convém, tal como a pedra se conduz para o lugar abaixo. Contudo, porque a coisa natural é determinada em seu ser natural e uma é a sua inclinação a alguma realidade determinada, não se exige alguma apreensão,

14. Agostinho, *De Trinitate.* XII, c. 12: PL 42, 1007-1008.

15. Aristóteles, *De anima.* III, c. 15, 433b11.

pela qual, segundo a razão de apetibilidade, distingue-se a coisa apetecível da não apetecível. Entretanto, essa apreensão preexige na instituição da natureza, em que é dada a cada natureza uma inclinação própria que lhe convém. Ora, o apetite superior, que é a vontade, tende diretamente à razão própria da apetibilidade absoluta, como a vontade apetece, primeiro e principalmente, à própria bondade ou à utilidade ou algo semelhante. Contudo, apetece isso ou aquilo de modo secundário, enquanto é partícipe da referida razão. E isso porque a natureza racional tem tanta capacidade que não lhe seria suficiente a inclinação a um objeto determinado, mas necessita de muitas coisas e distintas. E, por isso, sua inclinação se dirige a algo comum, que se encontra em muitos. E, assim, pela apreensão do que é comum, tende à coisa apetecível, na qual conhece que existe semelhante razão para apetecê-la.

Contudo, o apetite inferior da parte sensitiva, que se diz sensualidade, tende para a própria realidade apetecível, na medida em que se encontra nela aquilo que é a razão de apetecibilidade, pois não tende à própria razão de apetecibilidade, porque o apetite inferior não apetece à própria bondade ou utilidade ou prazer, mas esta coisa útil ou esta coisa prazerosa. E nisso o apetite sensível é inferior ao apetite racional, porque não tende apenas a esta coisa ou só àquela, mas a tudo o que lhe é útil e prazeroso, por isso é superior ao apetite natural. E por esse motivo também necessita da apreensão, pela qual distingue o prazeroso do não prazeroso.

O sinal desta distinção é evidente, pois o apetite natural tem necessidade em relação à própria coisa a qual tende, como o pesado apetece necessariamente o lugar abaixo. Ora, o apetite sensitivo não tem necessidade em relação a alguma realidade, antes de ser apreendida sob a razão de prazerosa ou útil, mas se a apreensão for prazerosa, necessariamente dirige-se à coisa, pois o animal ao ver um objeto prazeroso não pode deixar de apetecê-lo. Ora, a vontade tem necessidade da própria bondade e utilidade, pois o homem quer o bem por necessidade, mas não tem necessidade em relação a esta ou aquela coisa que, algumas vezes, apreende como boas ou úteis. E a explicação disso é que cada potência tem certa aptidão necessária para o seu objeto próprio. Por isso, compreende-se que o objeto do apetite natural é esta coisa, enquanto é tal coisa. Contudo, o objeto do apetite sensível é esta coisa enquanto é conveniente ou prazerosa, tal como a água que é conveniente para o gosto, mas não enquanto é água. Entretanto, o objeto próprio da vontade é o bem mesmo absoluto. E, assim, difere a apreensão dos sentidos e do intelecto, pois é próprio do sentido apreender esta coisa colorida, mas é próprio do intelecto apreender a natureza mesma da cor.

Portanto, assim fica evidente que a vontade e a sensualidade são apetites distintos pela espécie, como se distinguem o motivo pelo qual se apetece a própria bondade do que apetece esta coisa boa, pois a bondade é apetecida por si mesma, mas esta coisa boa é apetecida, na medida em que participa em algo da bondade. E, por isso, assim como as coisas que participam se dizem por participação, como esta coisa boa é boa pela bondade, assim também o apetite superior rege o apetite inferior e, desse mesmo modo, o intelecto julga estas coisas que os sentidos apreendem. Assim, portanto, o objeto próprio da sensualidade é a coisa boa ou conveniente para aquele que sente, o que ocorre de dois modos. Um modo, porque é conveniente para o próprio ser de quem sente, como a comida e a bebida e outras coisas semelhantes. Outro modo, porque é conveniente para os sentidos que sentem, como a cor bela é conveniente para a visão de quem vê, e o som melodioso para a audição de quem ouve, e assim dos demais. E, assim, o Mestre define completamente a sensualidade ao dizer que *é uma potência inferior da alma*, e estabelece sua distinção do apetite superior. E ao dizer que *dela procede um movimento que tende aos sentidos corpóreos*, manifesta sua relação com as coisas que são convenientes ao sentido para que sinta. E ao dizer que também *é o apetite das coisas que pertencem ao corpo*, mostra a relação que guarda com as coisas que são convenientes para a conservação do ser daquele que sente.

Respostas aos argumentos[16]

1. Respondo, portanto, dizendo que algo pertence à sensualidade de três modos. Um modo, como o que é da essência da sensualidade; e, assim, só pertencem à sensualidade as potências apetitivas. Outro modo, como o que se preexige para a sensualidade; e, assim, as potências sensitivas apreensivas pertencem à sensualidade. Outro modo ainda, como o que obedece à sensualidade; e, assim, pertencem à sensualidade as potências que executam. Desse modo, é verdadeiro que todas as coisas que são comuns a nós e aos animais, de alguma maneira pertencem à sensualidade, embora nem todas as coisas são da essência da sensualidade.

2. Respondo, dizendo que Agostinho acrescenta o dito antes para explicar com um exemplo, quais são os atos dos sentidos externos, aos quais se dirige o movimento da sensualidade, mas não pretende dizer que o próprio sentir as realidades corpóreas seja um movimento da sensualidade.

3. Respondo, dizendo que a razão inferior tem um movimento sobre os sentidos do corpo, mas não do mesmo modo como os sentidos têm sobre os objetos que percebem. De fato, os sentidos percebem seus objetos particularmente, mas a razão

16. Na edição Taurini reproduzida por Enrique Alarcón não há esta divisão que ora propomos: *Responsiones ad argumenta*. Do mesmo modo, quando necessário, inserimos *Responsiones ad sed contra*, quando houver mais de um *sed contra*. O intuito é, conforme dito, orientar o leitor quanto à dinâmica da argumentação da exposição do Aquinate.

inferior tem um ato sobre os sensíveis, segundo alguma intenção universal. Desse modo, a sensualidade tende aos objetos dos sentidos, tal como os próprios sentidos, ou seja, particularmente.

4. Respondo, dizendo que, na tentação dos primeiros pais, a serpente não só propôs algo para ser apetecido, mas enganou sugerindo. Contudo, não seria enganado o homem com o propósito do prazer sensual, exceto com o juízo da razão que se liga pela paixão à parte apetitiva. E, por isso, a sensualidade é uma potência apetitiva.

5. Respondo, dizendo que a sensualidade se diz vizinha da razão da ciência, não quanto ao gênero da potência, mas quanto aos objetos, porque ambas versam sobre as coisas temporais, ainda que uma de um modo e a outra de outro modo, como foi dito.

6. Respondo, dizendo que a diversidade de apreensões acidentalmente se relacionaria com as potências apetitivas, exceto se se unissem a diversidade de apreensões com a diversidade dos que apreendem. De fato, os sentidos, que não versam senão sobre os particulares, não apreendem a bondade absoluta, mas este bem particular. Contudo, o intelecto, porque versa sobre os universais, apreende a bondade absoluta, razão pela qual difere o apetite inferior do superior, como foi dito no corpo do artigo, na resposta ao terceiro argumento.

7. Respondo, dizendo que o bem para o qual se dirige o apetite sensível é um bem particular, que é considerado enquanto existe aqui e agora, seja ele necessário ou contingente, porque também *é prazeroso aos olhos ver o sol*, como se diz em Ecl 11,7, seja verdadeiro bem ou um bem aparente.

8. Fica evidente a resposta ao oitavo.

9. Respondo, dizendo que se considera de dois modos a parte sensitiva. Algumas vezes, na medida em que se distingue da apetitiva. E, assim, contém apenas potências apreensivas. E desse modo a sensualidade não pertence à parte sensitiva, a não ser como aquilo que é tomado como sua origem. Por isso, ela pode ser denominada por esta parte. Outras vezes, pois, quando a considera, na medida em que compreende em si também a potência apetitiva e motora, enquanto a alma sensível divide-se em racional e vegetal. E, assim, inclui-se a sensualidade na parte sensitiva da alma.

10. Respondo, dizendo que a razão inferior é direcionada para os sentidos do corpo e para a realidade pertinente ao corpo de uma maneira diferente da sensualidade, como foi dito acima. Por esta razão, o argumento não é consequente.

Artigo 2

Segundo, pergunta-se se a sensualidade é uma potência simples ou se se divide em muitas potências, ou seja, a irascível e a concupiscível[17]

E parece que é uma potência simples, não dividida em muitas potências.

17. Outros lugares: *Sum. Theo.* I, q. 81, a. 2; *In III De anima*, lec. 3.

Argumentos

1. Dado que se diz na definição de sensualidade no artigo precedente que é *certa potência inferior da alma*, não disse que ela contém em si muitas potências. Logo, parece que não se divide em muitas potências.

2. Além do mais, uma mesma potência da alma é de um contrário e de outro, como a visão é do branco e do negro, como se diz no livro II do *Sobre a alma.* [18] Ora, o sadio e o nocivo são contrários. Portanto, uma mesma potência da alma se relaciona com contrários. Ora, o concupiscível se relaciona com o sadio, mas o irascível se relaciona com o nocivo. Logo, uma mesma potência se refere ao irascível e ao concupiscível. E, assim, a sensualidade não se divide em muitas potências.

3. Além do mais, por uma mesma potência alguém se afasta de um extremo ou de outro, como a pedra, por causa da gra-

18. Aristóteles, *De anima.* II, c. 11, 422b24.

vidade, afasta-se do lugar mais alto e se aproxima do mais baixo. Ora, pela potência irascível a alma se afasta do nocivo, fugindo dele, mas pela potência concupiscível se aproxima do sadio, desejando-o. Logo, uma mesma potência da alma é irascível e concupiscível. E, assim, o mesmo que antes.

4. Além do mais, o objeto próprio da alegria é o sadio. A alegria é, pois, o que há no concupiscível. Logo, o objeto próprio do concupiscível é o sadio. Ora, o sadio é o objeto de toda a sensualidade, como ficou evidente pela definição de sensualidade exposta antes, porque as coisas que pertencem ao corpo são as que lhe convêm. Logo, toda a sensualidade não é outra coisa que o concupiscível. Portanto, ou o irascível e o concupiscível são o mesmo, ou o irascível não convém à sensualidade. Em qualquer caso, tem-se o proposto: que a sensualidade é uma potência simples.

5. Mas se poderia dizer que o objeto da sensualidade também é o nocivo ou inconveniente, ao que se estende ao irascível. – Mas, ao contrário, diz-se que assim como o sadio é o objeto da alegria, assim também o nocivo ou inconveniente é o objeto da tristeza. Ora, tanto a alegria, como a tristeza estão no concupiscível. Logo, tanto o sadio, quanto o nocivo são objetos do concupiscível. E, assim, qualquer que seja o objeto da sensualidade é objeto do concupiscível. E, assim, o mesmo que antes.

6. Além do mais, o apetite sensível pressupõe a apreensão. Ora, pela mesma potência apreensiva apreende-se o sadio e o nocivo. Logo, também pela mesma potência apetitiva é apetecido ambos. E, assim, o mesmo que antes.

7. Além do mais, segundo Agostinho, o ódio é ira inveterada.[19] Ora, o ódio está no concupiscível, como se prova no

19. Agostinho, *Ennar. In Ps. 54, 4, n. 7*: PL 36, 632.

livro II da obra *Tópicos*,[20] pois o amor está na mesma potência, mas a ira está no irascível. Logo, o irascível e o concupiscível são a mesma potência, pois, de outro modo, a ira não poderia estar em ambas as potências.

8. Além do mais, aquilo que compete a qualquer potência da alma não requer uma potência determinada distinta das outras. Ora, desejar pertence a qualquer potência da alma, o que fica evidente pelo fato de que qualquer potência da alma se deleita em seu objeto, e o deseja. Logo, para a concupiscência não se deve buscar alguma potência especial, distinta das outras. E, assim, o concupiscível não é uma potência distinta do irascível.

9. Além do mais, as potências se distinguem pelos seus atos. Ora, em qualquer ato do irascível inclui-se o ato do concupiscível, pois a ira contém o desejo de vingança,[21] e o mesmo em outros caso. Logo, o concupiscível não é uma potência distinta do irascível.

Ao contrário

1. É o que diz Damasceno[22] que distingue o apetite sensitivo em irascível e concupiscível e, semelhantemente, Gregório de Nissa no livro que escreveu sobre a alma e suas virtudes.[23] Ora, o apetite inferior é a sensualidade. Logo, a sensualidade contém em si múltiplas potências.

20. Aristóteles, *Topica*. II, c. 7, 113a33. ["Tópicos", vide *Órganon*, obra publicada em *Clássicos Edipro*. (N.E.)]

21. Aristóteles, *Ethica Nicomachea*. IV, c. 13, 1126a7. [*Ética a Nicômaco*, obra publicada em *Clássicos Edipro*. (N.E.)]

22. Damasceno, *De fide*. II, c. 12: PG 94, 928 C.

23. Refere-se a: Nemésio, *De natura hominis*. c. 16: PG 40, 672 B.

2. Além do mais, no livro *Sobre o espírito e a alma*,[24] são distintas estas três potências motoras: a racional, a concupiscível e a irascível. Ora, a racional é potência distinta da irascível. Logo, a irascível e a concupiscível também se distinguem.

3. Além do mais, o Filósofo, no livro III do *Sobre a alma*,[25] põe no apetite sensitivo o desejo e a audácia, isto é, o irascível e o concupiscível, que são entre si distintos.

Respondo

Respondo, dizendo que o apetite da sensualidade contém estas duas potências, ou seja, o irascível e o concupiscível, que são entre si potências distintas, o que pode ser comprovado do seguinte modo.

Ora, o apetite sensitivo tem certa conveniência com o apetite natural, enquanto os dois tendem para algo que convém ao que apetece. Encontram-se, porém, duas tendências no apetite natural, de acordo com a dupla operação da coisa natural.

Uma, pela qual a coisa natural se esforça para adquirir o que serve para conservar a sua natureza, como o pesado que se move para baixo, para ali se conservar. Outra, pela qual a coisa natural destrói, por uma qualidade ativa, seu contrário. E isso certamente é necessário para o ser corruptível, porque, se não tivesse essa potência para vencer o seu contrário, ela seria destruída.

Assim, portanto, o apetite natural tem duas tendências: conseguir o que é de acordo e conveniente à natureza e obter certa vitória sobre o que lhe é adverso. A primeira tendência é pelo

24. Livro anônimo: *De spiritu et anima*. c. 4: PL 40, 789. Tomás tinha ciência de que este texto não era de Agostinho e talvez tenha sido o primeiro a levantar hipóteses acerca do seu possível autor.

25. Aristóteles, *De anima*. III, c. 14, 432b6.

modo de recepção, mas a segunda é pelo modo de ação. Por isso, reduzem-se a princípios distintos.

Ora, receber e agir não procedem do mesmo princípio, como o fogo que por sua leveza se dirige para cima e corrompe, pelo calor, o que lhe é contrário. Assim, pois, estas duas tendências são encontradas no apetite sensível, pois o animal pela potência apetitiva deseja aquilo que é adequado e está de acordo com ele e isto se dá pela potência concupiscível, cujo objeto próprio é o deleitável conforme os sentidos. Apetece também ter o domínio e a vitória sobre aquelas coisas que lhe são contrárias, e isto se dá pela potência irascível e é por isso que se diz que seu objeto é algo árduo.

E, assim, fica evidente que o irascível é uma potência distinta do concupiscível. De fato, algo tem distinta razão de apetecibilidade por isso que é árduo e por isso que é deleitável, porque, às vezes, aquilo que é árduo, se separado do que é deleitável, também se mistura com circunstâncias reais que entristecem, por exemplo, um animal que deixa o prazer ao qual se entregava, quando é atacado e não recua, mesmo com as dores que sente.

E, de novo, uma destas potências, ou seja, o concupiscível, parece orientada para receber, pois ela apetece unir-se àquilo que causa o seu deleite. A outra potência, ou seja, a irascível, está ordenada à ação, porque pela ação vence o que é contrário e nocivo, colocando-se numa certa situação de vitória diante do nocivo.

Ora, isso comumente se encontra nas potências da alma, porque receber e agir pertencem a potências distintas da alma, como ocorre com o intelecto agente e o possível. E é por isso que, para Avicena,[26] a fortaleza e a debilidade do coração pertencem ao irascível, como a virtude orientada a agir, mas a pusilanimida-

26. Avicena, *De anima*. IV, c. 6, f. 21vbA [Ed. Van Riet. Avicenna latinus, *Liber de Anima*. Libri IV-V. Louvaian-Leiden, 1968].

de e a dilatação e constrição do coração pertencem ao concupiscível, como uma virtude orientada para receber.

Portanto, fica evidente, pelo dito, que de algum modo o irascível se orienta para o concupiscível, como potência que luta ao seu favor. De fato, para isso, foi necessário que o animal, pelo irascível, conseguisse a vitória sobre os contrários, para que o concupiscível, sem impedimento, pudesse deleitar seu objeto. E sinal disso é a luta que há entre os animais por causa dos objetos prazerosos, ou seja, por causa da reprodução e da nutrição, como se diz no livro VIII da obra *Sobre os animais.*[27]

E, também, porque todas as paixões do irascível têm princípio e fim no concupiscível. De fato, a ira se inicia por causa de uma tristeza prolongada, que está no concupiscível e, depois de alcançar a vingança, termina na alegria, que também está no concupiscível. E, de modo semelhante, a esperança se inicia no desejo ou amor e termina no prazer.

Contudo, é preciso saber que, tanto por parte das potências apreensivas, quanto por parte das potências apetitivas, da parte sensitiva, há algo que compete à alma sensitiva de acordo com a sua própria natureza, mas há também algo que tem uma pequena participação da razão, que atinge o último no supremo do seu ser, como diz Dionísio, no capítulo IV da obra *Sobre os nomes divinos*,[28] onde afirma que a divina sabedoria *une o fim dos primeiros com o princípio dos segundos*.

E isso fica claro com o exemplo, pois a potência imaginativa pertence à alma sensitiva, segundo a própria natureza, porque nela são conservadas as formas recebidas através dos sentidos, mas a potência estimativa, pela qual o animal apreende as intenções não recebidas pelos sentidos, como a amizade e a inimizade, existe na alma sensitiva, enquanto participa em algo da razão.

27. Aristóteles, *De historia animalibus*. IX, c. 1, 571b8.

28. Pseudo-Dionísio, *De divinis nominibus*. c. 7, § 3: PG 3, 872 B.

Por isso, por causa dessa potência estimativa dizem que os animais também têm certa prudência, como fica claro no princípio da *Metafísica*,[29] pois a ovelha foge do lobo, mesmo que nunca tenha sentido inimizade alguma com o lobo. E, de modo semelhante, da parte sensitiva.

De fato, que o animal apeteça o que é prazeroso segundo os sentidos, o que pertence ao concupiscível, está de acordo com a própria natureza sensível da alma. Contudo, que deixe o prazeroso e apeteça algo, cuja conquista se alcança com a dor, o que pertence ao irascível, isso lhe compete, na medida em que, de algum modo, alcança o apetite superior. Por isso, o irascível está mais próximo da razão e da vontade do que o concupiscível.

E, por causa disso, o incontinente da ira é menos torpe do que o incontinente da concupiscência, uma vez que está menos privado da razão, como diz o Filósofo no livro II da *Ética*.[30] Portanto, fica evidente, pelo dito, que o irascível e o concupiscível são potências distintas, como também fica claro o modo como o irascível ajuda o concupiscível, e que o irascível é superior e mais digno do que a concupiscível, como também é superior e mais digno entre as demais potências apreensivas da parte sensitiva.

Respostas aos argumentos

1. Respondo, portanto, dizendo que é dito que a sensualidade é uma potência de modo singular, porque é uma em seu gênero, ainda que se divida em algumas partes.

2. Respondo, dizendo que tanto o conveniente que deleita, quanto o nocivo que entristece pertencem ao concupiscível, enquanto um é para fugir e o outro é para alcançar. Contudo,

29. Aristóteles, *Metaphysica*. I, c. 1, 980b21. [*Metafísica*, obra publicada em *Clássicos Edipro*. (N.E.)]

30. Cfr. Aristóteles, *Ethica Nicomachea*. VI, c. 6, 1149b1.

pertence ao irascível ter certa superioridade sobre ambas, ou seja, poder superar o nocivo e possuir com certa segurança o deleitável.

3. Respondo, dizendo que, ambos os movimentos, afastar-se do nocivo e aproximar-se do deleitável, pertencem ao concupiscível. Contudo, combater e superar o que pode ser nocivo pertencem ao irascível.

4 e **5.** Respondo, dizendo que o conveniente é objeto do concupiscível, porque é deleitável; mas é objeto de toda a sensualidade, na medida em que, de algum modo, torna-se fácil para o animal, seja pela via do árduo ou pela via do deleitável.

6. Respondo, dizendo que a mesma potência apetitiva concupiscível busca o conveniente e foge do inconveniente. Por isso, o irascível e o concupiscível não se distinguem pelo sadio e nocivo, como foi dito na solução da resposta ao segundo argumento.

7. Respondo, dizendo que, ao dizer que o ódio é a ira inveterada, trata-se de uma predicação causal e não essencial, pois as paixões do irascível terminam nas paixões do concupiscível, como foi dito no corpo do artigo.

8. Respondo, dizendo que apetecer pelo apetite animal só pertence à potência concupiscível, mas apetecer pelo apetite natural pertence à qualquer potência, pois qualquer potência da alma é uma espécie de natureza e, naturalmente, inclina-se para algo. E, de modo semelhante, deve-se distinguir o amor do deleite e outras paixões semelhantes.

9. Respondo, dizendo que na definição das paixões do irascível se coloca o ato comum da potência apetitiva, como o apetecer, mas não algo que pertence ao concupiscível, exceto se for princípio ou fim, como se dissesse que a ira é o apetite de vingança, por causa da tristeza precedente.

ARTIGO 3

TERCEIRO, PERGUNTA-SE SE O IRASCÍVEL E O CONCUPISCÍVEL ESTÃO SÓ NO APETITE SUPERIOR OU TAMBÉM NO INFERIOR[31]

E parece que estão no superior.

31. Outros lugares: *Sum. Theo.* I, q. 82, a. 5; *In III De anima*, lect. 14.

Argumentos

1. De fato, o apetite superior se estende a mais coisas do que o apetite inferior, porque se estende tanto às corpóreas como às espirituais. Portanto, se o apetite inferior se divide em duas potências, a saber, o irascível e o concupiscível, por maior força de razão o apetite superior deve dividir-se.

2. Além do mais, todas as potências que estão na alma por si mesmas pertencem à parte superior, pois as potências inferiores são comuns à alma e ao corpo. Ora, o irascível e o concupiscível estão na alma por si mesmas. Por isso, diz-se no livro *Sobre o espírito e a alma:*[32] *estas potências pertencem à alma, antes de ela se unir ao corpo, porque lhes são conaturais e não são outra coisa que a própria alma, pois toda a substância da alma plena e perfeita consiste nestas três coisas, a saber, a racionalidade, a concu-*

32. *De spiritu et anima*. c. 13: PL 40, 789.

piscibilidade e irascibilidade. Logo, o irascível e o concupiscível pertencem ao apetite superior.

3. Além do mais, segundo o Filósofo no livro *Sobre a alma*[33] e no livro XI da *Metafísica*,[34] só a parte da alma racional é separável do corpo. Ora, o irascível e o concupiscível permanecem na alma separada do corpo, como se diz no livro *Sobre o espírito e a alma*. Logo, o irascível e o concupiscível pertencem à parte racional.

4. Além do mais, a imagem da Trindade deve ser investigada na parte superior da alma. Ora, segundo alguns,[35] assinala-se a imagem no racional, irascível e concupiscível. Logo, o irascível e o concupiscível pertencem à parte superior.

5. Além do mais, a caridade está no concupiscível, mas a esperança no irascível. Ora, a caridade e a esperança não estão no apetite sensitivo, pois esse apetite não pode se estender às realidades imateriais. Logo, o irascível e o concupiscível não estão só no apetite inferior, mas também no superior.

6. Além do mais, são chamadas potências humanas aquelas que o homem tem sobre os demais animais, que pertencem à parte superior da alma. Ora, há mestres[36] que distinguem o irascível em dois: o humano e o não humano, e fazem o mesmo com o concupiscível. Logo, as referidas potências não estão só no apetite inferior, mas também no superior.

---

33. Aristóteles, *De anima*. II, c. 4, 413b25.

34. Aristóteles, *Metaphysica*. XI [ver XII], c. 3, 1070a24.

35. *De spiritu et anima*. c. 13: PL 40, 789.

36. Tomás se refere a alguns de seus contemporâneos, que são mencionados por Alberto Magno: Alberto Magno, *Super Sententia*. III, d. 26, a. 3.

7. Além do mais, as operações das potências sensitivas, tanto apreensivas, quanto apetitivas, não permanecem na alma separada, porque tais operações são exercidas pelos órgãos do corpo, de outro modo, a alma sensível nos animais irracionais seria incorruptível, pois poderia ter a sua própria operação por si mesma. Ora, na alma separada permanecem a alegria e a tristeza, o amor e o temor, e outras paixões que são atribuídas ao irascível e ao concupiscível. Logo, o irascível e o concupiscível não estão só na parte sensitiva, mas também na intelectiva.

Ao contrário

1. É o que dizem Damasceno,[37] Gregório de Nissa[38] e o Filósofo,[39] que as colocam apenas no apetite sensível.

Respondo

Respondo, dizendo que o ato das partes apetitivas supõe o ato das apreensivas, e a distinção das apetitivas entre si, de algum modo, é semelhante à distinção das apreensivas.

Ora, vemos nas potências apreensivas que, entre elas, a apreensiva superior permanece uma e indivisível em relação àqueles objetos pelos quais se distinguem as apreensivas inferiores. De fato, com uma única potência intelectiva conhecemos todos os objetos sensíveis, quanto às suas respectivas naturezas, com relação às quais se distinguem as potências sensitivas. Por isso, segundo Agostinho,[40] no exterior um é o que se vê e outro é o que se ouve, mas no interior, no intelecto, é o mesmo.

37. Damasceno, *De fide*. II, c. 12: PG 94, 928 C.

38. Na verdade, trata-se de Nemésio: Nemésio, *De natura hominis*. C. 16: PG 40, 672 B.

39. Aristóteles, *De anima*. III, c. 14, 432b6.

40. Agostinho, *De Trinitate*. XV, c. 10, n. 18: PL 42, 1071.

E, de modo semelhante, ocorre isso com as apetitivas, pois a apetitiva superior é uma em relação a todos os apetecíveis, ainda que as apetitivas inferiores se distingam com relação aos distintos objetos apetecíveis. O motivo para que existam ambas é que a potência superior tem um objeto universal, mas as potências inferiores têm objetos particulares. Contudo, há muitas coisas que essencialmente convêm aos particulares, mas que acidentalmente se referem ao universal.

E, por isso, como a diferença acidental não diversifica a espécie, mas só a diferença essencial, há potências inferiores que especificamente são distintas, mas a potência superior permanece indivisível. Isso fica claro, pois o objeto do intelecto é a essência. Por isso, a potência do intelecto se estende a todos os entes que têm quididade, e não se diversificam por algumas diferenças, que não diversificam a natureza da quididade.

Ora, como o objeto do sentido é o corpo, que por natureza move o órgão do sentido, é preciso distinguir as potências sensitivas conforme os tipos distintos de movimento, onde uma será a potência da visão e outra a da audição, porque a cor e o som movem os sentidos por causas diferentes. E, de modo semelhante, ocorre o mesmo com a parte das potências apetitivas, pois o objeto do apetite superior, como foi dito acima, no primeiro artigo desta questão, é o bem absoluto, mas o objeto da potência do apetite inferior é o que, de algum modo, é útil para o animal.

Contudo, o árduo e o deleitável não são convenientes aos animais segundo uma mesma razão, como fica claro pelo dito antes, no artigo precedente. E, assim, por isso se diversifica essencialmente o objeto do apetite inferior, mas não o objeto do apetite superior que, de qualquer modo, tende ao bem absoluto.

Todavia, deve-se saber que assim como o intelecto tem alguma operação acerca das mesmas coisas sobre as quais os sentidos operam, mas de um modo superior, pois conhece de modo universal e imaterial o que os sentidos conhecem de modo material e particular, assim também o apetite superior tem alguma operação acerca das mesmas coisas sobre as quais versam os apetites inferiores, embora de um modo mais perfeito.

De fato, os apetites inferiores tendem para os seus objetos materialmente e com alguma paixão corporal, paixões pelas quais são impostos os nomes irascível e concupiscível. Contudo, o apetite superior tem alguns atos semelhantes ao apetite inferior, mas sem qualquer paixão.

E, assim, as operações do apetite superior, às vezes, são denominadas paixões, como a vontade de vingança é denominada ira e a quietação da vontade sobre algo desejado é denominado amor. E, pela mesma razão, a própria vontade, que produz estes atos, é denominada, às vezes, irascível e, às vezes, concupiscível, mas não de um modo próprio, mas em razão de certa similitude, porém não no sentido de que existam na vontade diversas potências símiles ao irascível e concupiscível.

Respostas aos argumentos

1. Respondo, portanto, dizendo que, ainda que o apetite superior se estenda a mais coisas do que o inferior, todavia, porque tem por objeto próprio o bem universal, não se divide em várias potências.

2. Respondo, dizendo que aquele livro não é de Agostinho, nem merece tomá-lo como autoridade. Contudo, pode-se dizer que fala do irascível e do concupiscível pelas semelhanças, ou fala quanto à origem das potências, pois todas as potências sensitivas procedem da essência da alma.

3. Respondo, dizendo que acerca das potências sensitivas da alma há duas opiniões. Uns dizem[41] que permanecem na alma

41. Pedro Lombardo, *Libri Sent.* IV, d. 44, c. 7.

separada, segundo a essência. Outros dizem[42] que permanecem na essência da alma, como em sua raiz. Seja qual for o modo, o irascível e o concupiscível não permanecem de modo distinto ao de outras potências sensitivas. Por isso, naquele livro[43] referido, afirma-se que a alma, ao separar-se do corpo, leva consigo o sentido e a imaginação.

4. Respondo, dizendo que Agostinho, no livro *Sobre a Trindade*,[44] investiga de muitos modos a Trindade na nossa alma, na qual há alguma similitude da Trindade incriada, ainda que a verdadeira razão de imagem se encontra só na mente. E por causa da referida similitude, alguns colocam a imagem no racional, irascível e concupiscível, embora não seja dito de modo próprio.

5. Respondo, dizendo que a caridade e a esperança não estão no irascível e concupiscível, propriamente falando, porque o amor da caridade e a espera da esperança carecem de paixão. Contudo, diz-se que a caridade está no concupiscível, enquanto está na vontade, por ter atos símiles ao concupiscível. E, de modo semelhante, diz-se que a esperança está no irascível.

6. Respondo, dizendo que o irascível e o concupiscível se chamam humanos ou racionais não por essência, como se pertencessem à parte superior, mas por participação, enquanto obedecem à razão e participam da sua regra, como diz Damasceno.[45]

42. Alberto Magno, *Super Sent.* IV, d. 44, a. 43.

43. *De spiritu et anima*. c. 15: PL 40, 791.

44. Agostinho, *De Trinitate*. XI, c. 2-5: PL 42, 985-992.

45. Damasceno, *De fide*. II, c. 12: PG 94, 928 C.

7. Respondo, dizendo que a alegria e o temor, que são paixões, não permanecem na alma separada, pois se realizam por meio de movimentos corpóreos, mas permanecem os atos da vontade, semelhantes àquelas paixões.

Artigo 4

Quarto, pergunta-se se a sensualidade obedece à razão[46]

E parece que não.

46. Outros lugares: *Sum. Theo.* I, q. 81, a. 3; *In I Eth*. Lect. 20.

Argumentos

1. Em Rm 7,19 lê-se: *Com efeito, não faço o bem que quero, mas pratico o mal que não quero.* Isso é dito, como expõe a Glosa,[47] por causa dos movimentos da sensualidade. Logo, a sensualidade não obedece à vontade e à razão.

2. Além do mais, no mesmo capítulo, versículo 23, lê-se: *mas percebo outra lei em meus membros, que peleja contra a lei da minha razão.* Ora, essa lei é a concupiscência.[48] Logo, a sensualidade repugna a lei da mente, isto é, da razão. E, assim, ela não obedece à razão.

3. Além do mais, assim como as potências apreensivas estão ordenadas entre si, assim também estão as apetitivas. Ora, o intelecto não tem sob seu poder os atos dos sentidos externos, pois o que o intelecto discerne nós não vemos ou ouvimos.

---

47. Pedro Lombardo, *In Rom.* 7, 20: PL 191, 1430 C.

48. Pedro Lombardo, *In Rom.* 7, 23: PL 191, 1430 C.

Logo, nem os movimentos da sensualidade estão sob o poder do apetite racional.

4. Além do mais, as potências naturais em nós não se subordinam à razão. Ora, a sensualidade tende com ímpeto natural para o seu próprio apetecível. Logo, o movimento da sensualidade não se subordina à razão.

5. Além do mais, os movimentos da sensualidade são paixões da alma, para as quais são requeridas determinadas disposições corporais, como afirma Avicena[49] que, assim como para a ira há um sangue quente e fino, para a alegria exige-se um sangue temperado. Ora, a disposição corporal não se subordina à razão. Logo, nem o movimento da sensualidade obedece à razão.

Ao contrário

1. É o que diz Damasceno:[50] que o irascível e o concupiscível, que são partes da sensualidade, participam, de certo modo, da razão. Logo, também o movimento da sensualidade está sob o poder da razão. Isso mesmo se deduz do que diz o Filósofo no livro I da *Ética*[51] e de Gregório de Nissa.[52]

Respondo

Respondo, dizendo que, na ordem dos móveis e dos motores, deve-se ir a algo primeiro que se mova a si mesmo, pelo qual

49. Avicena, *De anima*. IV, c. 6, f. 21vbA [Ed. Van Riet. Avicenna latinus, *Liber de Anima*. Libri IV-V. Louvaian-Leiden, 1968].

50. Damasceno, *De fide*. II, c. 12: PG 94, 928 C.

51. Aristóteles, *Ethica Nicomachea*. I, c. 20, 1102b30.

52. Na verdade, trata-se de Nemésio: Nemésio, *De natura hominis*. C. 16: PG 40, 672 B.

é movido aquilo que não se move por si mesmo, porque tudo o que existe por outro se reduz ao que existe por si mesmo, como se deduz do livro VIII da *Física.*[53]

Donde, porque a vontade se move por si mesma, por ser senhora dos seus atos, é necessário que as outras potências que não se movem a si mesmas, de algum modo, sejam movidas pela vontade. Ora, tanto mais cada uma das outras potências participa do seu movimento, quanto mais se faz próxima da vontade.

Por isso, as próprias potências apetitivas inferiores obedecem à vontade quanto aos seus atos principais, algumas vezes mais próximos dela, outras vezes mais distantes, como as potências nutritiva e reprodutora, que são movidas pela vontade quanto a alguns dos seus atos externos. Contudo, as potências apetitivas inferiores, a irascível e a concupiscível, subordinam-se de três modos à razão.

Primeiro, da parte da própria razão. Como uma mesma coisa pode ser considerada sob diversas condições, não só como deleitável, mas também como horrível, a razão opõe-se à sensualidade mediante a imaginação de alguma realidade sob a razão de deleitável ou entristecível, segundo o que se lhe pareça. E, assim, a sensualidade é movida para a alegria ou para a tristeza. E, por isso, diz o Filósofo no livro I da *Ética*[54] que: *a razão sempre persuade para o ótimo.*

Segundo, da parte da vontade. De fato, nas potências ordenadas e conexas entre si, ocorre que o movimento intenso em uma delas e, principalmente, na superior, repercute na outra. Por isso, quando o movimento da vontade, pela eleição, dirige-se para algo, o irascível e concupiscível seguem o movimento da vontade. Daí ser dito no livro III do *Sobre a alma,*[55] que *o apetite*

53. Aristóteles, *Physica.* VIII, c. 9, 256a4.

54. Aristóteles, *Ethica Nicomachea.* I, c. 20, 1102b15.

55. Aristóteles, *De anima.* III, c. 11, 434a13.

move o apetite, ou seja, o superior move o inferior, *como nos corpos celestes uma esfera move outra esfera*.

Terceiro, da parte da potência motora que executa. Assim, pois, como no exército depende do comando do general para se ir à guerra, assim, também, em nós a potência motora não move nossos membros, a não ser pelo comando de quem manda em nós, isto é, a razão, seja qual for o movimento que se realize pelas potências inferiores. Por isso, a razão reprime o irascível e o concupiscível para que não procedam para um ato exterior, motivo pelo qual se diz em Gn 4,7:[56] *Sob ti estará teu apetite*.

E, assim, fica evidente que o concupiscível e o irascível subordinam-se à razão. E de modo semelhante a sensualidade, ainda que o nome sensualidade pertença a estas potências não enquanto participam da razão, mas enquanto é parte da natureza sensitiva. Portanto, não se diz propriamente que a sensualidade está subordinada à razão, tal como se diz do irascível e do concupiscível.

Respostas aos argumentos

1. Respondo, portanto, dizendo que essa palavra do Apóstolo aplica-se a isso que não está em nosso poder de impedir totalmente todos os movimentos desordenados da sensualidade, embora possamos impedir no particular, como fica claro pelo dito no artigo 12 da questão sobre *O livre-arbítrio*.[57]

2. Respondo, dizendo que a sensualidade, quanto ao que depende de si, repugna à razão. Contudo, a razão pode reprimi-la, como fica evidente pelo dito no corpo do artigo.

---

56. Tradução literal do texto.

57. Tomás de Aquino, *De veritate*. q. 24, a. 12 [Tomás de Aquino. *O livre-arbítrio*. Quaestiones Disputatae De veritate. Questão 24. Tradução, edição e notas Paulo Faitanin e Bernardo Veiga. São Paulo: Edipro, 2015, p. 171-91.

3. Respondo, dizendo que também as potências apreensivas inferiores obedecem à razão, como é evidente no caso da imaginação e de outros sentidos inferiores. Entretanto, os sentidos externos não obedecem ao intelecto, pelo fato de que os sentidos externos dependem da realidade sensível para sentir, sem a qual não poderia passar ao ato.

4. Respondo, dizendo que a potência apetitiva inferior não tende naturalmente para a realidade, a não ser depois que se lhe propõe sob a razão de objeto próprio, como ficou claro no primeiro artigo desta questão. Por isso, como está no poder da razão propor uma e mesma coisa sob diversas perspectivas, por exemplo, um alimento como deleitável ou como mortífero, a razão pode mover a sensualidade para diversos objetos.

5. Respondo, dizendo que a disposição corporal que pertence à compleição do corpo não se submete à razão. Ora, não se requer isso para que as referidas paixões estejam em ato, mas que o homem seja capaz delas. Contudo, a mutação atual do corpo, por exemplo, a concentração de sangue no coração, ou algo semelhante, que acompanha em ato as paixões dessa natureza, segue a imaginação e, por este motivo, está sujeita à razão.

Artigo 5

Quinto, pergunta-se se pode haver pecado na sensualidade[58]

E parece que não.

58. Outros lugares: *In II Sent.* d. 24, q. 3, a. 2; *Sum. Theo.* I-II, q. 74, a. 3-4; *De malo.* q. 7, a. 6; *Quodl.* IV, q. 11, a. 1.

Argumentos

1. Segundo Agostinho,[59] nunca se peca, senão pela vontade. Ora, a sensualidade se distingue da vontade. Logo, não há pecado na sensualidade.

2. Além do mais, os pecados permanecem na alma separada. Ora, a sensualidade não permanece na alma separada, porque é potência do composto. Logo, não há pecado na sensualidade.

3. Além do mais, o ato é exercido mediante seu corpo. Ora, tal como é a potência, assim é seu o ato, segundo o Filósofo no livro *Sobre o sono e a vigília.*[60] Logo, não há pecado na sensualidade.

---

59. Agostinho, *De duabus animabus*. c. 10: PL 42, 103-104.

60. Aristóteles, *De somno et vigilia*. c. 1, 454a8. ["Do Sono e da Vigília", vide *Parva Naturalia*, obra publicada em *Clássicos Edipro*. (N.E.)]

4. Além do mais, segundo Agostinho no livro V da *Cidade de Deus*,[61] há algo que atua e não padece, como Deus, e nisso não há pecado. E existe algo que atua e padece, a saber, a vontade e nela consta haver pecado. E há algo que padece e não atua, como a sensualidade. Logo, não há pecado nela.

5. Mas pode-se dizer que na sensualidade pode haver pecado, pelo fato mesmo de que a razão pode impedir seu movimento. – Mas, ao contrário, pelo fato de que a razão pode impedir e não impede, significa o consenso interpretativo da razão, que não é suficiente para o pecado, porque não basta para que exista o mérito, sem o consenso expresso, pois Deus se inclina mais para a misericórdia do que para o castigo, com diz certa Glosa,[62] no começo de Jeremias. Logo, nem por este argumento pode-se dizer que há pecado na sensualidade.

6. Além do mais, ninguém pode evitar o pecado.[63] Ora, não podemos evitar que os movimentos da sensualidade sejam desordenados. Como diz Agostinho,[64] *porque o homem não quis evitar o mal quando podia, foi-lhe infligido não poder quando quisesse*. Logo, não há pecado na sensualidade.

7. Além do mais, quando o movimento da sensualidade se encaminha para algo lícito, não é pecado, como quando o esposo se sente atraído e vai ao encontro de sua esposa. Ora, a sensualidade não discerne entre lícito e ilícito. Logo, nem mesmo haverá pecado quando se move para o ilícito.

---

61. Agostinho, *De civitate Dei*. V, c. 9, n. 4: PL 41, 151.

62. Glosa ordinária sobre Jeremias, prólogo. [Orígenes, *In Ier.* Homilia 1, n. 1: PG 13, 255 A].

63. Agostinho, *De duabus animabus*. c. 10: PL 42, 103.

64. Agostinho, *De libero arbitrio*. III, c. 18: PL 32, 1296.

8. Além do mais, as virtudes e os vícios são contrários. Ora, a virtude não pode existir na sensualidade. Logo, nem o vício.

9. Além do mais, há pecado naquele a que se imputa. Ora, a sensualidade não imputa pecado, pois ela não é senhora dos seus atos, mas sim a vontade. Logo, não há pecado na sensualidade.

10. Além do mais, o que é material no pecado mortal pode ser encontrado na sensualidade. Contudo, não dizemos haver ali pecado mortal, porque não está na sensualidade aquilo que é formal no pecado mortal. Ora, o que é formal no pecado venial, ou seja, a privação da ordem devida, não se encontra na sensualidade, mas na razão que compete ordenar. Logo, não há pecado venial na sensualidade.

11. Além do mais, se um cego for conduzido por alguém que vê e cai num fosso, a culpa não será do cego, mas de quem vê e o conduz. Portanto, sendo a sensualidade como cega em relação às coisas divinas, se cair no ilícito, não será seu pecado, mas da razão que deveria governá-la.

12. Além do mais, assim como a sensualidade é de algum modo governada pela razão, assim também são os membros externos, nos quais, porém, não dizemos haver pecado. Logo, não há pecado nem na sensualidade.

13. Além do mais, a disposição e a forma existem num mesmo sujeito, porque os atos dos princípios ativos estão no paciente e bem dispostos. Ora, o venial é disposição para o mortal. Como, portanto, o venial não pode existir na sensualidade, logo, nem o mortal.

14. Além do mais, o ato da fornicação está mais próximo da sensualidade do que da razão. Portanto, se houvesse pecado na sensualidade, o ato da fornicação seria pecado mortal. O que é falso e, assim, parece que não pode haver pecado na sensualidade.

Ao contrário

1. É o que diz Agostinho:[65] *nenhum vício existe, exceto quando a carne deseja contra o espírito*. Ora, essa concupiscência da carne pertence à sensualidade. Logo, pode haver pecado na sensualidade.

2. Além do mais, o Mestre diz na distinção 24 do livro II das *Sentenças*,[66] que há pecado venial na sensualidade.

Respondo

Respondo, dizendo que o pecado nada mais é do que um ato carente da justa ordem que deveria ter. E, desse modo, considera-se pecado naquelas coisas que são segundo a natureza e naquelas que são segundo a arte, como diz o Filósofo no livro II da *Física*.[67]

Ora, então há pecado mortal, quando o ato deficiente é moral. Contudo, um ato é moral, quando de algum modo está sob o nosso poder, pois, assim se lhe deve o louvor ou o vitupério. E, por isso, aquele ato, que perfeitamente está em nosso poder, perfeitamente é moral. E nesse ato pode haver razão de pecado mortal, como são os atos que a vontade elege ou impera.

Ora, o ato da sensualidade não existe perfeitamente sob o nosso poder, pois tal ato precede ao juízo da razão. Todavia, de

65. Agostinho, *De civitate Dei*. XIX, c. 4, n. 3: PL 41, 629.

66. Pedro Lombardo, *Libri Sent*. II, d. 24, c. 9.

67. Aristóteles, *Physica*. II, c. 11, 199a33.

algum modo, está sob o nosso poder, enquanto a sensualidade está subordinada à razão, como ficou evidente pelo dito no artigo precedente. E, por isso, o ato da sensualidade toca o gênero dos atos morais, mas de modo imperfeito. Daí que não pode haver pecado mortal na sensualidade, pois o mortal é pecado perfeito, e na sensualidade se dá apenas o venial, no qual se encontra a razão imperfeita do pecado mortal.

Respostas aos argumentos

1. Respondo, portanto, dizendo que o sujeito de algo é duplo: primeiro e segundo, tal como a superfície é o primeiro sujeito da cor, mas o corpo é o segundo sujeito, enquanto subjaz na superfície. Diz-se, de modo semelhante, que o primeiro sujeito do pecado é a vontade, mas a sensualidade é sujeito do pecado, enquanto, de algum modo, participa da vontade.

2. Respondo, dizendo que as notas dos pecados permanecem na consciência, seja qual for a potência que os cometeu. Por isso, dado que a sensualidade de modo algum permanece naquela referida maneira, o pecado da sensualidade pode permanecer. Ora, isso, a saber, se a sensualidade permanece, será discutido em outro lugar.

3. Respondo, dizendo que o ato da sensualidade, de algum modo, está em nós, não por natureza da sensualidade, mas enquanto as potências da sensualidade são racionais por participação.

4. Respondo, dizendo que, ainda que não seja próprio da sensualidade agir, considerada em si mesma, é próprio dela, porém, agir enquanto, de algum modo, participa da razão.

5. Respondo, dizendo que não há pecado na sensualidade por causa do consenso interpretativo da razão, pois, quando o movimento da sensualidade precede ao juízo da razão, não há consenso nem interpretativo nem expresso. Contudo, por isso mesmo que a sensualidade é subordinada à razão, seu ato, ainda que preceda à razão, tem caráter de pecado. Entretanto, deve-se saber que, embora, algumas vezes, o consenso interpretativo basta para o pecado, porém, não é necessário que seja suficiente para o mérito, pois são requeridas muito mais coisas para o bem do que para o mal, pois o mal decorre de defeitos singulares, mas o bem decorre de uma causa total e íntegra, como diz Dionísio no capítulo IV do *Sobre os nomes divinos.*[68]

6. Respondo, dizendo que podemos evitar alguns pecados singulares da sensualidade, embora não todos, como ficou evidente na outra questão, na questão precedente no artigo 12.

7. Respondo, dizendo que, quando alguém assedia a sua esposa por concupiscência, de tal modo que não exceda os limites do matrimônio, é pecado venial. Por isso, fica evidente que o mesmo movimento da concupiscência na união conjugal, que precede ao juízo da razão, é pecado venial. Contudo, quando pela razão se determina que é lícito desejar, ainda que inclua nisso a sensualidade, não haverá nenhum pecado.

8. Respondo, dizendo que a virtude moral está nas potências da sensualidade, isto é, no irascível e no concupiscível, como evidencia o Filósofo no livro III da *Ética,*[69] onde diz que a temperança e a fortaleza pertencem às partes irracionais. Contudo, porque a sensualidade nomeia essas potências, quanto à

68. Pseudo-Dionísio, *De divinis nominibus.* IV, c. 4, § 30: PG 3, 729 C.

69. Aristóteles, *Ethica Nicomachea.* III, c. 19, 1117b23.

inclinação natural do sentido, que é contrária à razão, e que não participa da razão, por isso, mais propriamente se diz que o vício está na sensualidade e a virtude no irascível e no concupiscível. Entretanto, o pecado que está na sensualidade não contraria a virtude, por isso não procede o argumento.

9. Respondo, dizendo que todo pecado é imputado ao homem, enquanto tem vontade. Contudo, diz-se que o pecado, de algum modo, está naquela potência, cujo ato ocorre ser deforme.

10. Respondo, dizendo que o material no pecado mortal pode ser entendido de três modos. Primeiro, enquanto seu objeto é a matéria do ato. E, assim, a matéria do pecado mortal, às vezes, está na sensualidade, como quando alguém consente no prazer da sensualidade. Segundo, enquanto o ato exterior se chama material em relação ao ato interior, que é formal no pecado mortal, ao compor o ato exterior e interior um único pecado. E, desse modo, também o ato da sensualidade pode ser tomado como o material no pecado mortal. Terceiro, enquanto no pecado mortal o material é a conversão ao bem mutável, desejado como um fim. E, assim, aquilo que é material no pecado mortal não pode existir na sensualidade. Não se segue disso que, se não pode haver ali pecado mortal, não exista ali o pecado venial, pelo argumento referido no artigo anterior.

11. Respondo, dizendo que se diz que o pecado está na sensualidade, não porque se lhe imputa, mas porque é cometido por seu ato. Contudo, imputa-se ao homem, enquanto tal ato cai sob seu poder.

12. Respondo, dizendo que os membros externos são apenas movidos. Entretanto, as potências apetitivas inferiores são motoras, à similitude da vontade. Por isso, enquanto, de algum modo, participam da vontade, podem ser sujeito do pecado.

13. Respondo, dizendo que dupla é a disposição. Uma, pela qual o paciente se dispõe para receber a forma. E tal disposição está no mesmo sujeito com a forma. Outra, pela qual o agente se dispõe para agir. E dessa não é verdade dizer que está no mesmo sujeito com a forma, para a qual dispõe. Uma disposição desse tipo é o pecado venial, que está na sensualidade, em relação ao pecado mortal, que está na razão. De fato, a sensualidade é como um agente em relação ao pecado mortal, enquanto inclina a razão a pecar.

14. Respondo, dizendo que o ato da fornicação, embora esteja mais próximo do concupiscível do que da razão, quanto à natureza do objeto, está, todavia, mais próximo da razão, quanto à razão do império, pois os membros externos não se aplicam ao ato, a não ser, através do império da razão. Por isso, pode existir neles o pecado mortal, mas não no ato da sensualidade, que antecipa o juízo da razão.

Artigo 6

Sexto, pergunta-se se o concupiscível está mais corrompido e infectado do que o irascível[70]

E parece que não.

70. Outros lugares: *Sum. Theo.* I-II, q. 83, a. 4; *In II Sent.* d. 31, q. 2, a. 2; *De malo.* q. 4, a. 2, ad 12; Ibid. a. 5, ad 1.

Argumentos

1. Com efeito, a corrupção e a infecção da natureza humana vieram com o pecado original. Ora, o pecado original está na essência da alma, como num sujeito, como dizem alguns, porque a alma o contrai pela sua união com o corpo, ao qual se une pela sua essência. Logo, como todas as potências da alma, igualmente, estão próximas à sua essência, enquanto são radicadas nela, parece que a infecção e a corrupção não estão mais no concupiscível do que no irascível, e em outras potências.

2. Além do mais, por causa da corrupção da natureza em nós, há uma certa inclinação ao pecado. Ora, os pecados do irascível são mais graves do que os do concupiscível, porque, segundo Gregório,[71] os pecados espirituais são de maior culpa do que os carnais. Logo, o irascível está mais corrompido do que o concupiscível.

71. Gregório, *Moralia*. XXXIII, c. 12: PL 76, 688 B.

3. Além do mais, por causa da corrupção da natureza, surgem em nós súbitos movimentos da alma. Ora, os movimentos do irascível parecem ser mais súbitos do que os do concupiscível, pois o irascível se move com certo vigor de ânimo, mas o concupiscível, com certa debilidade de ânimo. Logo, o irascível está mais corrompido do que o concupiscível.

4. Além do mais, esse gênero de corrupção e infecção do qual falamos é a corrupção da natureza que é transmitida pela geração. Ora, os pecados do irascível são mais naturais e mais transmitidos pelos pais aos filhos do que os pecados do concupiscível, como diz o Filósofo no livro VII da *Ética*.[72] Logo, o irascível está mais corrompido do que o concupiscível.

5. Além do mais, em nós, a corrupção provém dos pecados dos primeiros pais. Ora, o pecado dos primeiros pais foi a soberba ou a exaltação de si, o que está no irascível. Logo, em nós, o irascível está mais corrompido do que o concupiscível.

Ao contrário

1. Onde é maior a torpeza, ali é maior a corrupção e infecção. Ora, segundo o Filósofo no livro VIII da *Ética*,[73] o mais torpe é o incontinente da concupiscência do que o incontinente da ira. Logo, o concupiscível está mais corrompido e infectado do que o irascível.

2. Além do mais, somos mais corrompidos ali onde resistimos com mais dificuldade. Ora, é mais difícil lutar contra

72. Aristóteles, *Ethica Nicomachea*. VII, c. 6, 1149b6.

73. Cfr. Em: Aristóteles, *Ethica Nicomachea*. VII, c. 6, 1149b1.

a volúpia, que pertence ao concupiscível, do que contra a ira, como mostra o Filósofo no livro II da *Ética*.[74] Logo, somos mais corrompidos no concupiscível do que no irascível.

Respondo

Respondo, dizendo que a corrupção e a infecção do pecado original diferem deste modo, pois a infecção pertence à culpa, mas a corrupção, à pena. Ora, a culpa original está de dois modos em alguma potência da alma: um modo essencialmente e outro modo causalmente.

Essencialmente está na própria essência da alma ou na parte intelectiva, onde está a justiça original, que foi privada pelo pecado original. Causalmente está nas outras potências que atingem o ato da geração humana, pelo qual o pecado original é transmitido: atinge a potência geradora, como o próprio executor; a potência concupiscível, como o que impera pela razão de prazer; e o sentido do tato, como o que percebe o prazer.

E, por isso, esta infecção é atribuída ao tato, entre os sentidos, ao concupiscível, entre as potências apetitivas, à potência geradora, entre todas as potências da alma, da qual se diz estar infectada e corrompida. Ora, a corrupção da alma, da qual falamos, deve ser considerada ao modo da corrupção corporal. Isso ocorre, porque removido o que a une, cada uma das partes contrárias tende para o que lhe convém, segundo a natureza. E, assim, ocorre a dissolução do corpo.

Semelhantemente, removida a justiça original, pela qual a razão totalmente mantinha sujeitas a si as potências inferiores no estado de inocência e cada uma das potências inferiores tendia para o que lhe era próprio, a saber, o concupiscível para o prazer e o irascível para a ira, e outras coisas desse gênero; por

74. Aristóteles, *Ethica Nicomachea*. II, c. 3, 1105a7.

isso, o Filósofo no livro I da *Ética*[75] compara essas partes da alma com as partes corrompidas do corpo.

Ora, assim como a corrupção corporal não ocorre na alma, por cuja separação dissolve-se o corpo, mas no corpo dissolvido, assim, também, a corrupção ocorre nas potências sensitivas que, enquanto privadas da moderação da razão, são conduzidas a diversos objetos. Contudo, a corrupção não está na própria razão, exceto pelo fato de ela estar privada da perfeição, por estar separada de Deus.

E, por isso, quanto mais algumas das potências inferiores se distanciam da razão, tanto mais são corrompidas. Por conseguinte, como o irascível está mais próximo da razão, como algo da razão que participa do seu movimento, segundo o Filósofo no livro VII da *Ética*,[76] será menos corrompido o irascível do que o concupiscível.

Respostas aos argumentos

1. Respondo, portanto, dizendo que, embora todas as potências se radiquem na essência da alma, algumas, porém, fluem da essência da alma antes que outras e possuem relações diversas com a causa do pecado original. E, assim, a corrupção e a infecção do pecado original não são semelhantes em todas as potências.

2. Respondo, dizendo que, pelo fato mesmo de que o movimento da razão é mais participado no irascível, os pecados do irascível são mais graves, mas os pecados do concupiscível são mais torpes, pois a própria discrição da razão aumenta a culpa, como a ignorância atenua. Contudo, o abandono da razão, na

75. Aristóteles, *Ethica Nicomachea*. I, c. 20, 1102b18.

76. Aristóteles, *Ethica Nicomachea*. VII, c. 6, 1149b1.

qual consiste toda a dignidade humana, pertence à torpeza. Por isso, fica evidente por esse fato que o concupiscível é mais corrompido, por distanciar-se mais da razão.

3. Respondo, dizendo que duplamente se pode considerar o movimento do irascível e do concupiscível, a saber, apetecendo e executando. De fato, ao apetecer, o movimento do concupiscível é mais súbito do que o do irascível, porque o irascível se move como deliberando e comparando a vingança pretendida com a injúria recebida, como argumentando, como se diz no livro VII da *Ética.*[77] Contudo, o concupiscível se move apenas para a apreensão do prazeroso, para a fruição do prazeroso, como ali mesmo é dito. Ora, o movimento executado pelo irascível é mais súbito do que o do concupiscível, porque o irascível age com certa confiança e fortaleza, mas o concupiscível tende a alcançar o seu propósito com certa debilidade insidiosa. Por isso, diz o Filósofo no livro VII da *Ética,*[78] que *o iracundo não é insidioso, mas manifesto, porém a concupiscência é insidiosa.* E se refere a um verso de Homero que diz: *o venéreo é doloso e seu laço variante,* para significar o engano com o qual Vênus furta o intelecto, inclusive de quem sabe muito.

4. Respondo, dizendo que algo se diz natural de dois modos: quanto à natureza da espécie ou quanto à natureza do indivíduo. Quanto à natureza da espécie, os pecados do concupiscível são mais naturais do que os do irascível. Por isso, o Filósofo diz no livro II da *Ética,*[79] que o *prazer se sustenta em todos nós desde a infância, como se fosse contemporâneo à vida.* Quanto à natureza do indivíduo, são mais naturais os pecados do irascível. E isso, porque, se for considerado o movimento do apetite sensitivo,

77. Aristóteles, *Ethica Nicomachea.* VII, c. 6, 1149a33.

78. Aristóteles, *Ethica Nicomachea.* VII, c. 7, 1149b14-17.

79. Aristóteles, *Ethica Nicomachea.* II, c. 2, 1105 a1.

por parte da alma, o concupiscível tende com maior naturalidade para o seu objeto, enquanto lhe é mais natural e conveniente para si, como o alimento e a bebida, e outras coisas do mesmo gênero, pelas quais se conserva a natureza. Contudo, se for considerado o movimento desse tipo pela parte do corpo, produz-se uma maior mudança e comoção da compleição do corpo, muito mais por causa da comoção da ira do que da comoção da concupiscência, falando de um modo comum e proporcional. E, por isso, a compleição corporal, pela qual mais se assemelham os filhos aos pais, mais faz para o domínio da ira do que para o domínio da concupiscência. E, por causa disso, os filhos imitam mais os pecados da ira dos pais do que os pecados da concupiscência, porque o que provém da parte da alma refere-se à espécie, mas o que é determinado pela compleição do corpo pertence mais ao indivíduo. Ora, o pecado original é pecado de toda a natureza humana. Por isso, fica claro que o argumento não procede.

5. Respondo, dizendo que em nós a corrupção ocorre de modo contrário ao que ocorreu em Adão, pois em Adão a alma corrompeu o corpo e a pessoa corrompeu a natureza. Contudo, em nós, ocorreu o contrário. Por isso, embora o pecado de Adão tenha pertencido em primeiro lugar ao irascível, em nós, a corrupção pertence mais ao concupiscível.

Artigo 7

Sétimo, pergunta-se se a sensualidade pode ser curada da referida corrupção nesta vida[80]

E parece que sim.

80. Outros lugares: *Sum. Theo.* I-II, q. 74, a. 3, ad 2.

Argumentos

1. A corrupção antes referida se chama fome de pecado.[81] Diz-se, porém, que a Beata Virgem Maria foi totalmente liberada da "fome de pecado" nesta vida, principalmente, depois da concepção do filho de Deus. Logo, a sensualidade é curável nesta vida.

2. Além do mais, tudo que obedece à razão é suscetível à retidão da razão. Ora, as potências da sensualidade, ou seja, o irascível e o concupiscível, obedecem à razão, como ficou claro

81. A expressão "fomes", que traduzimos por "fome", também é conhecida como *fomes peccati* ou "concupiscência", ao que se refere a tradição cristã como aquilo que permanece como certo incentivo do pecado, mesmo depois do batismo, ou seja, certas consequências temporais do pecado, tais como os sofrimentos, a doença, a morte ou as fragilidades inerentes à vida, como as fraquezas de caráter etc., assim como a propensão ao pecado. Cfr. Catecismo da Igreja Católica, § 1264. Assim, o Apóstolo Paulo se refere à questão: "Deixada para os nossos combates, a concupiscência não é capaz de prejudicar aqueles que, não consentindo nela, resistem com coragem pela graça de Cristo. Mais ainda: 'um atleta não recebe a coroa se não lutou segundo as regras'." (2Tm 2,5).

no dito do quarto artigo desta questão. Logo, a sensualidade é receptiva da retidão da razão. E, assim, pode ser curada da corrupção contrária.

3. Além do mais, a virtude se opõe ao pecado. Ora, pode haver virtude na sensualidade, como diz o Filósofo no livro III da *Ética*,[82] *a temperança e a fortaleza são das partes irracionais*. Logo, a sensualidade, nesta vida, pode ser curada da corrupção do pecado.

4. Além do mais, convém que procedam da corrupção da sensualidade movimentos desordenados, que são os da concupiscência depravada. Ora, o temperante não tem concupiscências dessa natureza, no que difere do continente, que as tem, mas não as segue, como fica claro no livro VII da *Ética*.[83] Logo, a sensualidade pode ser totalmente curada nesta vida.

5. Além do mais, se essa corrupção for incurável, ou será por parte do médico, ou por parte da medicina, ou por parte do enfermo, ou por parte da natureza a ser curada. Ora, não é incurável por parte do médico, ou seja, Deus, porque é onipotente. Não é incurável por parte da medicina, porque se diz em Rm 5,15: *O dom de Cristo é mais poderoso do que o pecado de Adão, que produziu tal corrupção*. Nem é incurável por parte do enfermo, porque é contra a natureza, pois não estava presente nela quando foi criada. Nem é incurável por parte da natureza que há de ser curada, pois seria útil que tal enfermidade fosse removida, pois por ela o homem se inclina ao mal e é lento para o bem. Logo, a sensualidade é curável nesta vida.

---

82. Aristóteles, *Ethica Nicomachea*. III, c. 19, 1117b23.

83. Aristóteles, *Ethica Nicomachea*. VII, c. 9, 1152a1.

Ao contrário

1. A necessidade de pecar, ao menos venialmente, é consequência da necessidade de morrer. Ora, não se remove nesta vida a necessidade de morrer. Logo, nem é removida nesta vida a necessidade de pecar venialmente. E, assim, nem a corrupção da sensualidade, da qual procede a referida necessidade.

2. Além do mais, se a sensualidade fosse curada nesta vida, seria maximamente curada pelos sacramentos da Igreja, que são medicinas espirituais. Ora, a sensualidade permanece inclusive depois de subministrados os sacramentos, como a experiência mostra. Logo, a sensualidade não é curada nesta vida.

Respondo

Respondo, dizendo que a sensualidade não pode ser curada nesta vida, exceto por milagre. A razão disso é que aquilo que é natural não pode ser mudado, exceto por um poder sobrenatural. Ora, a corrupção deste tipo, pelo qual se dizem corrompidas as partes da alma, segue, de algum modo, a inclinação da natureza. Com efeito, o que foi concedido ao homem no primeiro estado para que a razão totalmente dominasse as potências inferiores, também a alma e o corpo, não proveio do poder dos princípios naturais, mas do poder da justiça original, acrescentada à natureza pela liberalidade divina.

Com efeito, suprimida tal justiça pelo pecado, o homem voltou ao estado que lhe convinha por seus princípios naturais. Por isso, diz Dionísio no capítulo III de *Sobre a hierarquia eclesiástica*[84] que, por causa do pecado, a natureza humana *foi conduzida meritoriamente ao fim consequente do princípio*. Portanto, assim como o homem naturalmente morre, e nem pode ser reconduzi-

84. Pseudo-Dionísio, *De ecclesiastica hierarchia*. c. 3, pars 3, § 11: PG 3, 441 A.

do à imortalidade, exceto por milagre, assim, também, naturalmente o concupiscível tende ao prazeroso e o irascível tende ao árduo, inclusive fora da ordem da razão. Por isso, para que essa corrupção seja removida, isso não pode ser feito senão milagrosamente por poder sobrenatural.

Respostas aos argumentos

1. Respondo, portanto, dizendo que a Beata Virgem Maria foi liberada da "fome de pecado" milagrosamente.

2. Respondo, dizendo que o irascível e o concupiscível obedecem à razão, na medida em que seus movimentos ou são ordenados ou reprimidos pela razão, mas não de maneira que a sua inclinação seja totalmente suprimida.

3. Respondo, dizendo que a virtude que existe no irascível e no concupiscível não é contrariada pela referida corrupção, em que não é totalmente suprimida. Contudo, contraria a excelência da inclinação das referidas potências para os seus objetos, e isso é suprimido pela virtude.

4. Respondo, dizendo que o temperante, segundo o Filósofo, não carece totalmente de concupiscência, mas da veemente concupiscência, as quais podem existir no continente.

5. Respondo, dizendo que, da parte de todas aquelas quatro causas, ocorre que a sensualidade não pode ser curada nesta vida. Com efeito, o próprio Deus, apesar de ser onipotente para curar, porém dispôs não curar nesta vida, de acordo com a ordem de sua sabedoria. Semelhantemente, o dom da graça que nos foi conferido por Cristo, embora seja mais eficaz do que o pecado do primeiro homem, todavia não se ordena a remover a referida corrupção, que é da natureza, mas se ordena a remover a culpa da pessoa. Igualmente, esse tipo de corrupção, ainda que seja contra o estado da natureza criada na origem, é, todavia, uma consequência dos princípios da natureza abandonada em suas próprias forças. E isso também é útil ao homem para evitar o vício da soberba, enquanto permanece a enfermidade da sensualidade, como se diz em 2 Cor 12,7: *já que essas revelações eram extraordinárias, para eu não me encher de soberba, foi-me dado um aguilhão na carne*. E, por isso, depois do Batismo, ainda permanece esta enfermidade no homem. Assim, pois, como um médico sábio que deixa alguma enfermidade sem curar, a qual não poderia ser curada sem o perigo de contrair uma enfermidade ainda maior.

SÉRIE CLÁSSICOS EDIPRO

A sabedoria da vida
Schopenhauer

Além do Bem e do Mal
Friedrich Nietzsche

As dores do mundo
Arthur Schopenhauer

As regras do método sociológico
Émile Durkheim

Cândido ou o Otimista
Voltaire

Da República
Cícero

Diálogo no inferno entre Maquiavel e Montesquieu
Maurice Joly

Discurso sobre o Método
Descartes

Ditos e feitos memoráveis de Sócrates
Xenofonte

Do espírito das Leis
Montesquieu

Elogio da Loucura
Erasmo de Rotterdam

Leviatã – Ou Matéria, Forma e Poder de um Estado Eclesiástico e Civil
Thomas Hobbes

Novo Órganon
Francis Bacon

O Capital
Karl Marx

O Suicídio
Émile Durkheim

Pensamentos
Pascal

Sátiras
Horácio

Segundo tratado sobre o governo civil
John Locke